Franklin

plante un arbre

Paulette Bourgeois • Brenda Clark

Repris d'un épisode de la série TV *Franklin* produite par Nelvana Limited,
Neurones France, s.a.r.l. et Neurones Luxembourg S.A.

Basé sur les ouvrages écrits par Paulette Bourgeois et illustrés par Brenda Clark.
Adaptation de Sharon Jennings.
Illustrations de Sean Jeffrey, Mark Koren et Jelena Sisic.
Ce titre est repris de l'épisode TV *Franklin* écrit par Brian Lasenby.

Franklin est une marque de Kids Can Press Ltd.

Publié pour la première fois en 2001 par Kids Can Press Ltd.,
Toronto, Ontario, Canada, sous le titre *Franklin Plants a Tree*.

Dépôt légal : Avril 2009 – Édition 01 – Imprimé en France par Jean-Lamour - Groupe Qualibris

Franklin

plante un arbre

Paulette Bourgeois • Brenda Clark

Adaptation française de Marie-France Floury

Franklin sait grimper aux arbres et se balancer de branche en branche. Il adore jouer avec ses amis dans la cabane du parc et se promener en famille dans les bois. Bientôt aura lieu la Journée de la Terre. Pour l'occasion, M. Héron va distribuer de jeunes pousses d'arbres à tous les enfants. Franklin est tout excité. Il a tellement hâte de planter son propre arbre dans son petit jardin…

La Journée de la Terre est enfin arrivée.

Franklin se réveille très tôt et creuse un énorme trou juste devant la fenêtre de sa chambre. Il a l'intention de planter son arbre à peine rentré à la maison.

Ce soir, il invitera ses amis à construire une cabane dedans. Demain, il dénichera une vieille corde et fabriquera une balançoire.

Franklin tire son petit chariot sur le chemin.

Il se dépêche. Pas question que les plus grands arbres soient déjà pris !

À l'entrée du parc, il y a déjà foule devant M. Héron.
Franklin voit beaucoup de caisses posées sur le sol,
mais pas un seul arbre.

« Peut-être ne sont-ils pas encore arrivés », pense-t-il.
Puis il aperçoit Basile qui quitte déjà le parc.

« Tu ne veux pas d'arbre ? demande Franklin.

– J'en ai un », répond Basile en tapotant son sac à dos.
Franklin n'y comprend rien.

Basile fouille dans son sac et en sort une petite pousse.

« Mais ce n'est pas un arbre ! s'écrie Franklin. C'est une brindille !

– C'est un jeune arbre, Franklin, explique Lili. Cela s'appelle un plant. Moi j'ai reçu un frêne et Basile un petit chêne !

– Moi je n'aurai pas qu'un plant, déclare Franklin. Mon arbre sera assez grand pour que nous jouions dedans, aujourd'hui ! »

Mais lorsqu'arrive le tour de Franklin, M. Héron
lui donne un plant aussi petit que ceux de ses amis.

« Je ne peux pas en avoir un plus grand ?
demande Franklin.

– C'est un érable à sucre, répond M. Héron.
Dans quelques années, il sera vraiment grand,
tu verras ! »

Franklin hoche la tête tristement. Il pose
son plant dans son chariot et marche lentement
vers la maison.

Il soupire en contemplant l'énorme trou dans son jardin.
Il prend sa pelle et le rebouche en grande partie.
Puis il s'apprête à planter son érable.

Mais son plant a disparu !

Franklin cherche partout dans le jardin et sur le chemin.

« Il a dû tomber en route », se dit-il.